BEI GRIN MACHT SICH IHR WISSEN BEZAHLT

- Wir veröffentlichen Ihre Hausarbeit,
  Bachelor- und Masterarbeit

- Ihr eigenes eBook und Buch -
  weltweit in allen wichtigen Shops

- Verdienen Sie an jedem Verkauf

Jetzt bei www.GRIN.com hochladen
und kostenlos publizieren

Sascha Theis

Einführung in die Suchmaschinenoptimierung

Definition, Suchmaschinenbasics und Optimierungsansätze

GRIN Verlag

Bibliografische Information der Deutschen Nationalbibliothek:

Die Deutsche Bibliothek verzeichnet diese Publikation in der Deutschen National-
bibliografie; detaillierte bibliografische Daten sind im Internet über http://dnb.d-
nb.de/ abrufbar.

Impressum:

Copyright © 2014 GRIN Verlag GmbH
Druck und Bindung: Books on Demand GmbH, Norderstedt Germany
ISBN: 978-3-656-65068-3

Dieses Buch bei GRIN:

http://www.grin.com/de/e-book/272757/einfuehrung-in-die-suchmaschinenoptimie-
rung

GRIN - Your knowledge has value

Der GRIN Verlag publiziert seit 1998 wissenschaftliche Arbeiten von Studenten, Hochschullehrern und anderen Akademikern als eBook und gedrucktes Buch. Die Verlagswebsite www.grin.com ist die ideale Plattform zur Veröffentlichung von Hausarbeiten, Abschlussarbeiten, wissenschaftlichen Aufsätzen, Dissertationen und Fachbüchern.

Besuchen Sie uns im Internet:

http://www.grin.com/

http://www.facebook.com/grincom

http://www.twitter.com/grin_com

Einführung in die Suchmaschinenoptimierung

Definition, Suchmaschinenbasics und Optimierungsansätze

Ausarbeitung zum Referat vom 22.03.2014

im Fachgebiet Informationsmanagement

F H W T
Vechta·Diepholz·Oldenburg

vorgelegt von:	Sascha Theis
Studienbereich:	Betriebswirtschaftslehre und IT

© 2014

Inhaltsverzeichnis

Abbildungsverzeichnis   II

Verzeichnis der Listings   II

Abkürzungsverzeichnis   III

1. Was ist Suchmaschinenoptimierung?   1

2. Basics zu Suchmaschinen   1
   2.1. Crawlen   1
   2.2. Ranking   2
   2.3. Wie analysiert Google eine Website?   2

3. Das SEO-Projekt   3
   3.1. Wo setzt SEO an?   3
       3.1.1. Optimierung der Seitenstruktur   3
       3.1.2. Onpage-Optimierung   4
       3.1.3. Offpage-Optimierung   5

4. Fazit   5

Literatur   6

A. Anhang   i
   A.1. Meta-Tags   i
   A.2. Fehler im HTML-Code   i
   A.3. Beispielcode zu einer Aufzählung in HTML   i

Abbildungsverzeichnis

1. „titel", „keywords" und „description" i

Verzeichnis der Listings

1. Fehler im HTML-Code i
2. Beispielcode zu einer Aufzählung in HTML i

Abkürzungsverzeichnis

HTML Hypertext Markup Language

SEO Search Engine Optimization

SEM Search Engine Marketing

WWW World Wide Web

KI Künstliche Intelligenz

Tags HTML-Befehle

CSS Cascading Style Sheets

1. Was ist Suchmaschinenoptimierung?

Suchmaschinenoptimierung (Search Engine Optimization (SEO)) ist ein Teilgebiet des Suchmaschinenmarketings (Search Engine Marketing (SEM)).[1] SEO kann als Vermarktungsfunktion aufgefasst werden, welche verschiedene Ziele, vorrangig die Generierung von Traffic, verfolgen kann. Dies wird in erster Linie durch die Verbesserung der Rangposition auf den Ergebnislisten der Suchmaschinen erreicht.[2]

2. Basics zu Suchmaschinen

Um die Bedeutung von Suchmaschinenoptimierung zu verstehen und diese effizient umsetzen zu können, ist ein grundlegendes Verständnis der Funktionsweise von Suchmaschinen essentiell.[3] Nachfolgend wird diese am Beispiel von Google vereinfacht erläutert. Dabei wird „Google" auch als Synonym für „Suchmaschine" verwendet.

Die Ergebnisse einer Suchanfrage werden nicht direkt von Menschen, sondern von sehr komplexer Software zusammengestellt. Die Suchergebnisse sind also das Resultat von Algorithmen. Um diese Software beeinflussen zu können, müssen die zugrunde liegenden Algorithmen bekannt sein. Noch funktioniert die Künstliche Intelligenz (KI) der Software anders als die des Menschen. Entsprechend wird diese auch anders beeinflusst bzw. reagiert auf andere Reize. Beispielsweise ist Software momentan nur in sehr beschränktem Maße in der Lage, Bilder und Videos auszuwerten. Nur das Bild als solches, würde von den Suchalgorithmen kaum beachtet werden, auch wenn es den Suchbegriff bestmöglich verkörpert bzw. darstellt.[4]

2.1. Crawlen

Damit eine Suchmaschine Ergebnisse liefern kann, muss sie möglichst alle öffentlich zugänglichen Websites und deren Inhalte kennen. Dazu „crawlt" Google durch das Netz. Crawlen bezeichnet das analysieren von Websites und deren Inhalten. Dabei startet der Algorithmus bei einer Reihe bekannter Websites und durchsucht diese nach Verlinkungen zu anderen, um neue zu finden und zu erfassen. Während des Crawlvorgangs wird die Website indexiert. Dabei werden alle verwendeten Begriffe analysiert und die von Google als wichtig eingestuften Begriffe(„Keywords"), werden in einer Datenbank abgespeichert. In diesem Zusammenhang ist es wichtig, dass Google den einzigartigen Inhalt (Unique Content) einer Website ermittelt. Dieser ist nicht auf anderen Websites zu finden und stellt das Alleinstellungsmerkmal dar.[5]

---

[1] vgl.ERLHOFER [2013]: S. 23
[2] vgl.ERLHOFER [2013]: S. 56
[3] vgl.ENGE U. A. [2012]: S. 27
[4] vgl.ENGE U. A. [2012]: S. 27
[5] vgl.ENGE U. A. [2012]: S. 37-42

Aus diesem und den Keywords wird eine Übersicht erstellt die der Suchmaschine dabei hilft, die Suchanfrage mit dem Inhalt der Seite auf Übereinstimmungen zu vergleichen. Diese semantische Übersicht ist für den Betreiber einer Website von hoher Bedeutung, weil sie das Ranking enorm beeinflusst.[6]

Google crawlt kontinuierlich durch das World Wide Web (WWW). Dabei besucht der Crawler ihm bereits bekannte Websites ggf. erneut, um mögliche neue Inhalte bzw. Veränderungen zu ermitteln.[7]

2.2. Ranking

Das Ziel von Google ist es, bei einer Suchanfrage eine Rangliste von Websites auszugeben. Dieses Ranking erfolgt auf Grundlage der Relevanz und der Wichtigkeit der Websites. Zuerst wird die **Relevanz** geprüft. Google vergleicht den Wortlaut der Suchanfrage mit den semantischen Übersichten der Websites. Der Inhalt ist umso relevanter, desto größer das Maß der Übereinstimmung ist. Wird die Website als „nicht relevant" eingestuft, wird sie auch nicht in der Ergebnisliste ausgegeben. Im zweiten Schritt überprüft Google die **Wichtigkeit** der relevanten Websites. Dabei sind Verweise von (vertrauenswürdigen) Seiten von entscheidender Bedeutung, weil Google diese als Empfehlung wertet und damit die Wichtigkeit der verlinkten Website aufwertet.[8]

2.3. Wie analysiert Google eine Website?

Crawler untersuchen und bewerten Websites anhand ihres Quelltextes, welcher in Form von HTML-Code (Hypertext Markup Language (HTML)) vorliegt. Der Crawler konzentriert sich auf den Code, der zum Inhalt der Website gehört. Solcher der sich beispielsweise der Navigation widmet, wird auch erfasst und bewertet, spielt aber im Vergleich zum Inhalt eine untergeordnete Rolle.[9] Neben den Inhalten erfasst Google die Beschreibungen und Spezifikationen der Website. Beispielhaft sollen hier drei der in diesem Zusammenhang relevanten HTML-Befehle (Tags) genannt werden. Der Seitentitel, welcher in der Titelleiste des Browsers zu sehen ist und im Quelltext mit dem *title*-Tag gekennzeichnet wird, ist von besonderer Bedeutung. Google gewichtet ihn schwer bei der Bestimmung der Relevanz der Website. Der *keywords*-Tag wird ebenfalls vom Crawler erfasst, ist aber aufgrund von häufigem Missbrauch bzw. Manipulationsversuchen nahezu bedeutungslos geworden. Google bewertet außerdem die Beschreibung der jeweiligen Website (*description*-Tag). Obwohl diese für das Ranking als solches nicht relevant ist, beeinflusst sie aber die Wahrnehmung des Eintrags in der Suchergebnisliste. In der Anlage A.1 ist ein Quelltext abgebildet, welcher diese Tags enthält.[10]

---

[6] vgl. ENGE U. A. [2012]: S. 37-42
[7] vgl. ERLHOFER [2013]: S. 26
[8] vgl. ENGE U. A. [2012]: S. 38-39
[9] vgl. ENGE U. A. [2012]: S. 42-43
[10] vgl. ERLHOFER [2013]: S. 144-150

Bei der Analyse von Websites schenkt Google Grafiken und Videos kaum Beachtung, weil diese bis zum jetzigen Zeitpunkt nur sehr schwer von Software bewertet werden können. Die Suchmaschine versucht zwar über die Beschreibung eines Bildes, Rückschlüsse auf dessen Inhalt zu ziehen, aber die Software kann das Bild noch nicht als solches bzw. wie ein Mensch wahrnehmen. Ebenfalls gar nicht oder nur in sehr beschränktem Maß sind Audiodateien, eingebundene Programme und zugriffsbeschränkte Bereiche von Google analysierbar.[11]

3. Das SEO-Projekt

Um SEO zielgerichtet durchzuführen und den gewünschten Effekt zu schaffen ist, wie bei allen umfangreichen und wichtigen Projekten, eine detaillierte Analyse des Ist-Zustands, der Kundenwünsche und der Mitbewerber von großer Bedeutung. Weiterhin sollten die Ziele und der Ablauf einer SEO-Kampagne klar definiert und regelmäßig validiert werden. Ohne Planung kann Suchmaschinenoptimierung die eigentlichen Ziele verfehlen. Ein Beispiel: Unterscheiden sich die Keywords, die die möglichen Kunden bei ihrer Suche verwenden, von denen die der Anbieter definiert und durch SEO geprägt hat, kann dies dazu führen, dass die Relevanz des Contents als niedrig eingestuft wird.[12]

3.1. Wo setzt SEO an?

Suchmaschinenoptimierung wird sowohl auf der eigenen Website (Onpage-Optimierung), wie auch außerhalb (Offpage-Optimierung) betrieben. Neben den Inhalten sollte auch die Struktur der Website suchmaschinenoptimiert werden.[13]

3.1.1. Optimierung der Seitenstruktur

Die Optimierung der Struktur der Website geht einher mit der Validierung und Verbesserung des HTML-Codes. Damit sind insbesondere Fehlerfreiheit und die Einhaltung etablierter Standards gemeint.[14]

„Etablierte Standards" meint beispielsweise die Barrierefreiheit der Website. Die Webpräsenz sollte möglichst jedem, egal welche Prämissen vorliegen, ohne Einschränkungen zugänglich sein. Dies umfasst insbesondere die Zugänglichkeit für Sehbehinderte, aber auch für Smartphonebesitzer. Barrierefreiheit meint außerdem die Schaffung eines barrierefreien Zugangs für die Suchmaschinencrawler.[15]

---

[11]vgl.ENGE U. A. [2012]: S. 47-49
[12]vgl.WEINAND [2013]: S. 69
[13]vgl.ERLHOFER [2013]: S. 295
[14]vgl.ERLHOFER [2013]: S. 295-296
[15]vgl.ERLHOFER [2013]: S. 295-296

Wie bereits dargestellt kann der Crawler zugriffsbeschränkte Bereiche nicht erfassen. Ist der wichtige Inhalt der Seite nur nach Eingabe von Benutzerdaten zugänglich, schränkt das den Suchmaschinencrawler erheblich ein.

Cascading Style Sheets (CSS) und HTML sollten fehlerfrei verwendet werden. Während die Browser sehr fehlertolerant sind, ist es der Googlecrawler nicht. In der Anlage A.2 wird ein simpler Fehler abgebildet, welcher weitreichende Folgen haben kann. Die Verwendung des $h1$-Tags zeigt, dass es sich hier um eine wichtige Überschrift handelt. Diese soll mit einem bestimmten CSS-Style dargestellt werden. Weil aber eine eckige Klammer (>) nach dem *class*-Attribut vergessen wurde, gehört für den Crawler der Text nach dem Attribut zum Attribut. Entsprechend kann er die Überschrift nicht korrekt erfassen und die Relevanz der Website wird negativ beeinflusst.[16]

Die formale Richtigkeit des Codes bedingt nicht automatisch eine suchmaschinenoptimale Umsetzung. Beispielsweise kann ein Navigationsmenü mit Javascript umgesetzt werden. Für die Ausführung von Javascript ist die Installation externer Software notwendig. Auch dies führt dazu, dass der Googlecrawler das Menü nicht erfassen kann. Entsprechend sollte eine Scriptsprache gewählt werden, welche keine clientseitige Installation von Software notwendig macht.[17]

3.1.2. Onpage-Optimierung

Wie bereits mehrmals dargestellt hat der Content von Websites den größten Einfluss auf die Suchmaschinenrelevanz. Google versucht den Inhalt wie ein Mensch zu beurteilen. Dabei wird eine Website grundsätzlich als relevant eingestuft, wenn Sie Informationen zur Suchanfrage so umfangreich wie nötig, aber so kurz wie möglich darstellt.[18]

Dabei gilt die invertierte Pyramide als Grundprinzip. Der wichtige Inhalt steht am Anfang eines Textes, wobei Zusatzinformationen und Erläuterungen im weiteren Textverlauf folgen. Damit einher geht die sinnvolle Verwendung von Keywords im gesamten Text. Die zu häufige Verwendung von Keywords kann aber zu einer Abwertung führen, weil Google dies als Betrug bzw. Täuschung werten könnte.[19] Um Keywords sinnvoll einzusetzen muss das Suchverhalten des Durchschnittsusers bekannt sein, denn auch hier ist der Suchalgorithmus von Google sehr genau. Falls die Mehrheit der User das Keyword „Events" verwenden würde, wäre es nicht sinnvoll hauptsächlich das Keyword „Event" in den eigenen Texten zu verwenden, weil für Google zwischen „Events" und „Event" ein Unterschied besteht.[20]

---
[16]vgl.ERLHOFER [2013]: S. 297-298
[17]vgl.ERLHOFER [2013]: S. 316
[18]vgl.FISCHER [2009]: S. 306
[19]vgl.ERLHOFER [2013]: S. 419-421
[20]vgl.ERLHOFER [2013]: S. 79-81

Um den wichtigen Inhalt einer Website für den User und für den Crawler schnell erfassbar darzustellen, empfiehlt sich die Verwendung von Aufzählungen (Beispielcode in der Anlage A.3) und das Hervorheben des Unique Content. Letzteres kann durch die Verwendung entsprechender HTML-Tags, wie zum Beispiel *strong* um den Text „fett" darzustellen, erreicht werden.[21]

3.1.3. Offpage-Optimierung

Die Offpage-Optimierung dient dazu, die Wichtigkeit der Website zu erhöhen. Wie bereits dargestellt geschieht dies hauptsächlich dadurch, dass externe Websites auf die zu optimierende Seite verlinken (sog. Backlinking). Aufgrund dieser Tatsache ist die Offpage-Optimierung deutlich schwieriger und aufwendiger wie die Onpage-Optimierung.[22] Themenrelevanz spielt auch bei der Verlinkung eine große Rolle. Es nützt wenig für das Ranking, wenn in einem Artikel über Waschmaschinen auf einen Dienst zur Eventsuche verlinkt wird. Es empfiehlt sich ein passendes Keyword zu verwenden, weil Google den Link und die Linkbezeichnung in Verbindung zu bringen versucht. Backlinking kann über viele Arten von Websites bzw. Diensten erfolgen (z.b.: Blogs, soziale Netzwerke, Branchenbücher und Forenbeiträge). Authentizität ist aber auch beim Backlinking wichtig, weil die Platzierung von Links ohne zugehörigen Content von Google als Spam gewertet werden kann.[23]

4. Fazit

SEO ist wichtig um im WWW erfolgreich zu sein. Gleichzeitig ist SEO sehr aufwendig und kompliziert, weil es viele Ansatzpunkte für die Optimierung gibt. Aufgrund des großen Arbeitsaufwands und der damit verbundenen Kosten, sollte SEO als Projekt angesehen werden. Entsprechend sind eine durchdachte Planung und eine kontinuierliche Reflektion wichtig. Grundvoraussetzung um SEO effektiv betreiben zu können ist Fachwissen zu HTML und der Funktionsweise von Suchmaschinen. Suchmaschinenoptimierung beschränkt sich nicht mehr auf die bloße Verwendung von Keywords, sondern reicht von der Schaffung einer optimierten Seitenstruktur bis hin zum Backlinking. Dabei kann der Spruch „Content is king!" als Leitmotiv angesehen werden.

Die Positionierung im Ranking der Suchmaschinen kann für Unternehmen von enormer ökonomischer Bedeutung sein. Vor allem trifft dies für Unternehmen zu, die hauptsächlich auf das Internet als Vetriebskanal setzen. SEO wird also mit wachsender Popularität und Wichtigkeit des Vertriebskanals Internet immer bedeutender werden. Gleichzeitig wird Suchmaschinenoptimierung komplexer, weil die den Suchmaschinen zugrunde liegenden Technologien leistungsfähiger werden.

---

[21]vgl.ERLHOFER [2013]: S. 421-422
[22]vgl.ERLHOFER [2013]: S. 457
[23]vgl.WEINAND [2013]: S. 200-220, 235-236

Literatur

[Enge u. a. 2012] ENGE, E. ; SPENCER, S. ; STRICCHIOLA, J. ; FISHKIN, R.: *Die Kunst des SEO*. 2.Auflage. Köln : O'Reilly, 2012 http://www.amazon.de/o/ASIN/3868993754. – ISBN 978–3–86899–375–2

[Erlhofer 2013] ERLHOFER, Sebastian: *Suchmaschinen-Optimierung Das umfassende Handbuch*. 6.Auflage. Bonn : Galileo Press, 2013 http://www.amazon.de/o/ASIN/3836218984. – ISBN 978–3–8362–1898–6

[Fischer 2009] FISCHER, Mario: *Website Boosting 2.0 Suchmaschinen-Optimierung Usability Online-Marketing*. 2.Auflage. Heidelberg : mitp, 2009 http://www.amazon.de/o/ASIN/3826617037. – ISBN 978–3–8266–1703–4

[Weinand 2013] WEINAND, Kim: *Top-Rankings bei Google und Co*. 1.Auflage. Bonn : Galileo Press, 2013 http://www.amazon.de/o/ASIN/3836219611. – ISBN 978–3–8362–1961–7

A. Anhang

A.1. Meta-Tags

```
<!DOCTYPE HTML>
<html>
    <head>
        <meta http-equiv="Content-Type" content="text/html; charset=utf-8" />
        <meta name="author" content="Calyomi" />
        <meta name="description" content="Calyomi bietet Ihnen die Möglichkeit heute
        <meta name="keywords" content="" />
        <link href="../css/calyomi.css" rel="stylesheet" type="text/css">
        <link rel="shortcut icon" type="image/x-icon" href="../images/favicon.ico" /:
        <meta name="google-site-verification" content="a-t1D8ipFGelACzjyfTGBKZtp2uC1(
        <title>Startseite - Calyomi</title>
    </head>
```

Abbildung 1: „titel", „keywords" und „description"

A.2. Fehler im HTML-Code

```
1  Falsch:  <h1 class="css_ueberschrift1" Eventsuche</h1>
2  Richtig: <h1 class="css_ueberschrift1">Eventsuche</h1>
```

Listing 1: Fehler im HTML-Code

A.3. Beispielcode zu einer Aufzählung in HTML

```
1  <p>Sie finden bei uns Events aus den Kategorien:</p>
2  <ul>
3    <li>Freizeit</li>
4    <li>Messe</li>
5    <li>Musik</li>
6    <li>Party</li>
7    <li>Sport</li>
8    <li>Theater</li>
9  </ul>
```

Listing 2: Beispielcode zu einer Aufzählung in HTML